HISTORIETAS JUVENILES: BIOGRAFÍAS ™

HERNÁN CORTÉS

y la caída del imperio azteca

Dan Abnett

Traducción al español:
José María Obregón

PowerKiDS press™ & **Editorial Buenas Letras** ™
New York

Published in 2009 by The Rosen Publishing Group, Inc.
29 East 21st Street, New York, NY 10010

First Edition

Editors: Joanne Randolph and Nel Yomtov
Spanish Edition Editor: Mauricio Velázquez de León
Book Design: Julio A. Gil
Illustrations: Q2A

Library of Congress Cataloging-in-Publication Data

Abnett, Dan.
    [Hernan Cortes and the fall of the Aztec Empire. Spanish]
    Hernán Cortés y la caída del imperio azteca / Dan Abnett ; traducción al español: José María Obregón. – 1st ed.
        p. cm. – (Historietas juveniles, biografías)
    Includes index.
    ISBN 978-1-4358-3314-2 (pbk.)
    ISBN 978-1-4358-3315-9 (6-pack)
    ISBN 978-1-4358-8560-8 (hc.)

    1. Cortés, Hernán, 1485-1547–Juvenile literature. 2. Mexico–History–Conquest, 1519-1540–Juvenile literature. I. Title.
    F1230.C385A3618 2009
    972'.02092–dc22
    [B]
                                                    2008048448

Manufactured in the United States of America

CONTENIDO

PERSONAJES PRINCIPALES

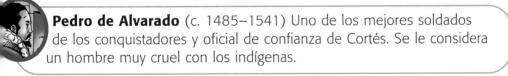

Hernán Cortés (1485–1547) **Conquistador** español que derrotó al **imperio** azteca y ganó México para la corona española.

Moctezuma (1466–1520) Emperador azteca capturado por los conquistadores españoles y forzado a ayudarles en su misión.

Pedro de Alvarado (c. 1485–1541) Uno de los mejores soldados de los conquistadores y oficial de confianza de Cortés. Se le considera un hombre muy cruel con los indígenas.

HERNÁN CORTÉS Y LA CAÍDA DEL IMPERIO AZTECA

LOS AZTECAS VIVIERON EN LO QUE HOY ES CENTROAMÉRICA Y EL SUR DE MÉXICO. LA TIERRA ERA MUY RICA EN CULTIVOS Y ABUNDANTE EN ORO.

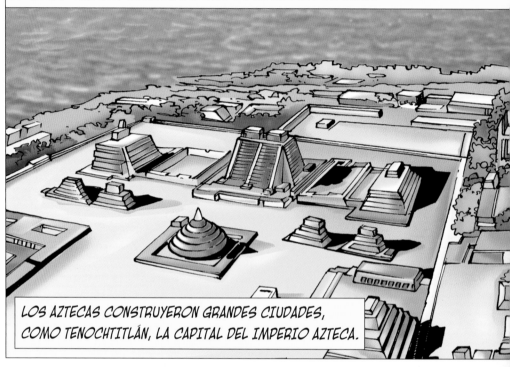

LOS AZTECAS CONSTRUYERON GRANDES CIUDADES, COMO TENOCHTITLÁN, LA CAPITAL DEL IMPERIO AZTECA.

HERNÁN CORTÉS FUE UN CONQUISTADOR ESPAÑOL. CORTÉS VIVÍA EN CUBA CUANDO ESCUCHÓ RUMORES DE LA GRAN RIQUEZA DE LOS AZTECAS.

CORTÉS DECIDIÓ ORGANIZAR UNA **EXPEDICIÓN** PARA OBTENER EL ORO DE LOS AZTECAS.

8 DE NOVIEMBRE DE 1519. DESPUÉS DE VIAJAR POR CENTROAMÉRICA DURANTE NUEVE MESES, CORTÉS Y SUS CONQUISTADORES LLEGARON A LA CIUDAD DE TENOCHTITLÁN.

SE DICE QUE ESTA CIUDAD ESTÁ LLENA DE ORO Y **TESOROS**. ¡PRONTO SERÁN MÍOS!

CORTÉS CRUZÓ UNO DE LOS PUENTES QUE CONDUCÍAN A LA CIUDAD.

AHÍ ENCONTRÓ A MOCTEZUMA, EL LIDER DE LOS AZTECAS.

TE SALUDO EN NOMBRE DE LA CORONA DE ESPAÑA.

CORTÉS USÓ A DOS **TRADUCTORES** PARA HABLAR CON MOCTEZUMA.

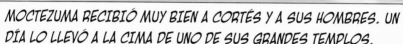

MOCTEZUMA RECIBIÓ MUY BIEN A CORTÉS Y A SUS HOMBRES. UN DÍA LO LLEVÓ A LA CIMA DE UNO DE SUS GRANDES TEMPLOS.

QUÉ MARAVILLOSO LUGAR. ¡ES UNA PENA QUE MUY PRONTO YA NO SEA DE MOCTEZUMA!

TRAS OCHO DÍAS EN LA CIUDAD, CORTÉS TENÍA UN PLAN. CORTÉS LE CONFIÓ EL PLAN A PEDRO DE ALVARADO, SU FIEL AYUDANTE.

PEDRO, ¡SÉ CÓMO TOMAR CONTROL DE ESTA CIUDAD!

EL PLAN ERA GOBERNAR A LOS AZTECAS A TRAVÉS DE MOCTEZUMA. CORTÉS ARRESTÓ A MOCTEZUMA.

MOCTEZUMA GOBERNARÁ DE ACUERDO A TUS DESEOS.

MOCTEZUMA TEME QUE SU GENTE SE VOLTEE CONTRA NOSOTROS.

MOCTEZUMA NO ERA EL ÚNICO.

PREFIERO NO DORMIR EN CASO DE UN ATAQUE. USO MI **ARMADURA** EN LA CAMA.

¿POR CUÁNTO TIEMPO PODRÁS CONTROLARLOS SIN USAR LA FUERZA?

NO TE PREOCUPES. YO CONTROLO A MOCTEZUMA.

CORTÉS OBLIGÓ A MOCTEZUMA A QUE LE DIJERA DÓNDE ESTABA EL TESORO DE LOS AZTECAS.

¡JA! ¡EL REY DESEA QUE TOMEMOS EL TESORO Y NOS VAYAMOS DE AQUÍ!

EL GOBERNADOR DE CUBA ENVIÓ A PÁNFILO DE NARVÁEZ A ARRESTAR A CORTÉS. CORTÉS HABÍA DESOBEDECIDO SUS ÓRDENES.

¡NO ME DETENDRÁN! ¡TOMARÉ EL PODER!

EN MAYO DE 1520, CORTÉS ORDENÓ QUE LA MAYORÍA DE SUS HOMBRES SALIERA DE TENOCHTITLÁN.

PRIMERO ME HARÉ CARGO DE NARVÁEZ. LUEGO VOLVERÉ Y **DERROTARÉ** A LOS AZTECAS.

CORTÉS DEJÓ A PEDRO DE ALVARADO A CARGO DE LA CIUDAD. ALVARADO TENÍA CON ÉL UNOS 100 SOLDADOS.

SI LOS AZTECAS NOS ATACAN NOS DERROTARÁN FACILMENTE. DEBEMOS TENER UN PLAN.

LOS AZTECAS QUIEREN CELEBRAR SU **FESTIVAL** ANUAL EN LA PLAZA.

MUY BIEN, NO HAY PROBLEMA.

ATACAREMOS DURANTE EL FESTIVAL.

¡DEMOSTRAREMOS NUESTRA FUERZA!

LA PEQUEÑA ARMADA ESPAÑOLA ATACÓ A LOS AZTECAS MATANDO A CIENTOS DE ELLOS.

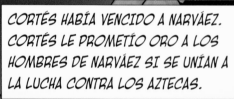

LOS AZTECAS CONTRAATACARON.

ALVARADO ENVIÓ UN MENSAJE A CORTÉS DICIENDO QUE HABÍA PROBLEMAS.

CORTÉS HABÍA VENCIDO A NARVÁEZ. CORTÉS LE PROMETÍO ORO A LOS HOMBRES DE NARVÁEZ SI SE UNÍAN A LA LUCHA CONTRA LOS AZTECAS.

CORTÉS REGRESÓ A TENOCHTITLÁN Y ATACÓ A LOS AZTECAS.

LOS ESPAÑOLES TENÍAN MEJORES **ARMAS** QUE LOS AZTECAS, PERO LOS AZTECAS TENÍAN 10 VECES MÁS HOMBRES QUE CORTÉS.

CORTÉS Y SUS HOMBRES SE ENCERRARON EN SUS CUARTELES.

LOS AZTECAS SE REUNIERON. ESTABAN **ANSIOSOS** DE PELEAR CON LOS CONQUISTADORES.

LOS AZTECAS Y LOS ESPAÑOLES PELEARON POR TODA LA CIUDAD.

CUANDO UN **GUERRERO** AZTECA CAÍA, 10 MÁS TOMABAN SU LUGAR.

CORTÉS NECESITABA UN PLAN PARA CONTROLAR LA CIUDAD.

USAREMOS A MOCTEZUMA PARA ACABAR LA BATALLA.

CORTÉS FORZÓ A MOCTEZUMA A QUE HABLARA CON SU GENTE.

DEBEMOS DEJAR DE LUCHAR. LOS ESPAÑOLES SON NUESTRO AMIGOS.

LOS AZTECAS ATACARON A MOCTEZUMA CON PIEDRAS.

MOCTEZUMA MURIÓ UNOS DÍAS MÁS TARDE Y LOS AZTECAS ELIGIERON A UN NUEVO LÍDER.

EL PRIMERO DE JULIO DE 1520, CORTÉS TRATO DE HUIR DE TENOCHTITLÁN, PERO LOS AZTECAS HABÍAN DERRUMBADO LOS PUENTES QUE CONDUCÍAN A LA CIUDAD.

CUANDO LOS ESPAÑOLES TRATABAN DE ARREGLAR LOS PUENTES...

...LOS GUERREROS AZTECAS ATACARON POR SORPRESA.

LOS ESPAÑOLES NO TENÍAN SALIDA.

EL ATAQUE CONTINUÓ Y MUCHOS SOLDADOS ESPAÑOLES CAYERON EN EL LAGO.

LOS AZTECAS TAMBIÉN PELEARON CON OTROS INDÍGENAS QUE AYUDABAN A CORTÉS.

LA BATALLA DURÓ TODA LA NOCHE. MUCHOS ESPAÑOLES SE AHOGARON PORQUE TENÍAN MUCHO ORO CON ELLOS.

LOS ESPAÑOLES QUE SOBREVIVIERON ESCAPARON POR LAS ORILLAS DEL LAGO.

LOS HOMBRES DE CORTÉS HABÍAN PERDIDO SU PRIMERA BATALLA.

MÁS DE LA MITAD DE LA ARMADA HABÍA MUERTO.

CORTÉS QUERÍA **CONQUISTAR** EL IMPERIO AZTECA, PERO FUE DERROTADO EN TENOCHTITLÁN.

SI ME RINDO, SERÁ UNA **DESHONRA**

ÉSTA ES LA NOCHE TRISTE.

CORTÉS LLEVO A SUS HOMBRES AL NORTE PARA DESCANSAR Y ALISTARSE PARA OTRA BATALLA.

LOS AZTECAS ATACARON A LAS FUERZAS DE CORTÉS A CADA OPORTUNIDAD.

UNA SEMANA MÁS TARDE LOS ESPAÑOLES ENCONTRARON UN GRAN EJÉRCITO EN OTUMBA.

¡AQUÉL ES EL LÍDER! SI LO ATRAPAMOS TENDREMOS EL CONTROL

¡AL ATAQUE!

EL PLAN FUNCIONÓ. CORTÉS CAPTURÓ AL LÍDER Y EL RESTO DE LOS GUERREROS ESCAPÓ.

LOS AZTECAS DE LA **REGIÓN** DE TLAXCALA NO ESTÁN CONFORMES CON SUS LÍDERES Y TE APOYARÁN

CORTÉS REFORZÓ SU ARMADA. ADEMÁS HIZO TRAER PROVISIONES DE PUEBLOS CERCANOS.

CORTÉS CONSTRUYÓ 3 BARCOS EN TLAXCALA PARA PODER TOMAR EL CONTROL DEL LAGO EN TENOCHTITLÁN.

CORTÉS CONVENCIÓ A MUCHOS AZTECAS PARA QUE SE LE UNIERAN.

QUIEN NO SE UNA SERÁ CONVERTIDO EN ESCLAVO.

EN MAYO DE 1521, CORTÉS **CERCÓ** TENOCHTITLÁN.

LOS ESPAÑOLES DESTRUYERON EL SISTEMA QUE PROVEÍA DE AGUA FRESCA A LA CIUDAD.

Y EVITARON LA ENTRADA DE ALIMENTOS.

SIN AGUA Y SIN COMIDA LOS AZTECAS PELEARON CON FUERZA.

LA ARMADA DE CORTÉS ATACÓ Y SE RETIRÓ VARIAS VECES, PERO FINALMENTE ENTRÓ A LA CIUDAD.

LOS AZTECAS NO SE RENDÍAN.

YA ME CANSÉ DE ESTA SITUACIÓN. ¡ACABEMOS DE UNA VEZ POR TODAS!

CORTÉS NO PODÍA DERROTAR A LOS AZTECAS Y DECIDIÓ INCENDIAR PARTES DE LA CIUDAD.

LOS AZTECAS HUYERON DE SUS CASAS Y TEMPLOS...

...Y PELEARON CON LOS CONQUISTADORES EN LAS CALLES.

CORTÉS NO ERA EL ÚNICO ENEMIGO DE LOS AZTECAS. MUCHOS DE ELLOS MURIERON DE VIRUELA, UNA ENFERMEDAD QUE HABÍAN TRAÍDO LOS ESPAÑOLES.

LOS ÚLTIMOS GUERREROS AZTECAS HICIERON SU ÚLTIMO ATAQUE EN LA PLAZA DE SU MERCADO.

LOS ESPAÑOLES CAPUTARON A CUAUHTÉMOC, EL NUEVO LÍDER AZTECA.

CORTÉS ESTABA FELIZ.

¡LA CIUDAD SERÁ MÍA!

EL 13 DE AGOSTO DE 1521, LOS ESPAÑOLES GANARON LA BATALLA.

CORTÉS GANÓ LA GUERRA. EL REY DE ESPAÑA LO PREMIÓ CON TIERRA Y MUCHA RIQUEZA.

DESAFORTUNADAMENTE, LA GRAN CIUDAD DE TENOCHTITLÁN QUEDÓ EN **RUINAS**. MILES DE AZTECAS HABÍAN MUERTO.

CORTÉS CONTRUYÓ LA CIUDAD DE MÉXICO EN EL **SITIO** DE TENOCHTITLÁN.

HABÍA NACIDO LO QUE HOY ES MÉXICO, PERO LA GLORIOSA **CIVILIZACIÓN** AZTECA FUE DESTRUÍDA.

FIN

CRONOLOGÍA

1485	Hernán Cortés nace en Medellín, España.
1504	Cortés se convierte en soldado y viaja al caribe por primera ocasión.
1509	Cortés vive en Cuba, entonces una colonia española.
1519	En febrero, Cortés viaja a Centroamérica.
	El 8 de noviembre, Cortés entra a la ciudad de Tenochtitlán.
1520	El primero de julio, Cortés escapa de Tenochtitlán. Esa noche se conoce como "la noche triste".
1521	En mayo, Cortés ataca Tenochtitlán con una armada más grande y embarcaciones.
1522	El 13 de agosto termina el cerco de Tenochtitlán. Cortés toma el control de la ciudad.
	Cortés es nombrado gobernador de la Nueva España con Tenochtitlán como su capital.
1525	Cortés encabeza una expedición a Honduras.
1528	Cortés visita España durante dos años.
1540	Cortés regresa a España por última vez.
1547	Cortés muere en su casa de Sevilla, España.